O LIVRO DAS

TINTAS

Editora Melhoramentos

Rocha, Ruth
O livro das tintas / Ruth Rocha, Otávio Roth ; criação e projeto gráfico Otávio Roth ; ilustrações Raquel Coelho. – São Paulo : Editora Melhoramentos, 2008. – (Coleção O Homem e a Comunicação)

Edição revisada conforme o Acordo Ortográfico da Língua Portuguesa.

1992 – Prêmio Jabuti – Melhor Obra em Coleção – Melhor Produção Editorial
1993 – Prêmio Monteiro Lobato para Literatura Infantil – Academia Brasileira de Letras

ISBN 978-85-06-05375-1

1. Tintas – História – Literatura infantojuvenil I. Roth, Otávio II. Coelho, Raquel. III. Título IV. Série

CDD-028.5

Índice para catálogo sistemático:

1. Literatura infantojuvenil 028.5

Ruth Rocha nasceu em 1931 na cidade de São Paulo. É uma das mais conhecidas escritoras brasileiras de livros infantis e juvenis. Ganhou os mais importantes prêmios brasileiros destinados à literatura infantil: FNLIJ, Prêmio Jabuti, APCA e ABL, entre outros. Atualmente é membro do Conselho Curador da Fundação Padre Anchieta. Casada com Eduardo Rocha, tem uma filha, Mariana, e dois netos, Miguel e Pedro.

Otávio Roth (1952-1993). Paulista reconhecido mundialmente por sua obra em papel artesanal e eventos de arte participativa. Formou-se em Londres pelo Hornsey College of Art. Morou e trabalhou em Israel, Noruega e Estados Unidos. Também recebeu vários prêmios de literatura infantojuvenil como ilustrador e escritor. Suas ilustrações da Carta de Direitos Humanos estão em exposição permanente nas sedes da ONU em Genebra, Viena e Nova York. No Brasil foi pioneiro na divulgação do papel artesanal por meio de cursos, oficinas, publicações e exposições. Seu trabalho de reciclagem de papel e de elementos da natureza contribuiu para a construção da consciência ambiental.

Edição revisada conforme o Acordo Ortográfico da Língua Portuguesa

Ilustrações: Raquel Coelho
Texto © Ruth Rocha Serviços Editoriais S/C Ltda.
Representado por AMS Agenciamento Artístico, Cultural e Literário Ltda.
Criação e projeto gráfico: Otávio Roth

2ª edição, 7ª impressão, novembro de 2015
ISBN: 978-85-06-05375-1

Atendimento ao consumidor:
Caixa Postal 11541 – CEP 05049-970
São Paulo – SP – Brasil
Tel.: (11) 3874-0880
www.editoramelhoramentos.com.br
sac@melhoramentos.com.br

Impresso no Brasil

O HOMEM E A COMUNICAÇÃO

O LIVRO DAS
TINTAS

RUTH ROCHA
OTÁVIO ROTH

CRIAÇÃO E PROJETO GRÁFICO
OTÁVIO ROTH

ILUSTRAÇÕES
RAQUEL COELHO

1992
Prêmio Jabuti – Melhor Obra em Coleção,
Melhor Produção Editorial

1993
Prêmio Monteiro Lobato para Literatura Infantil,
Academia Brasileira de Letras

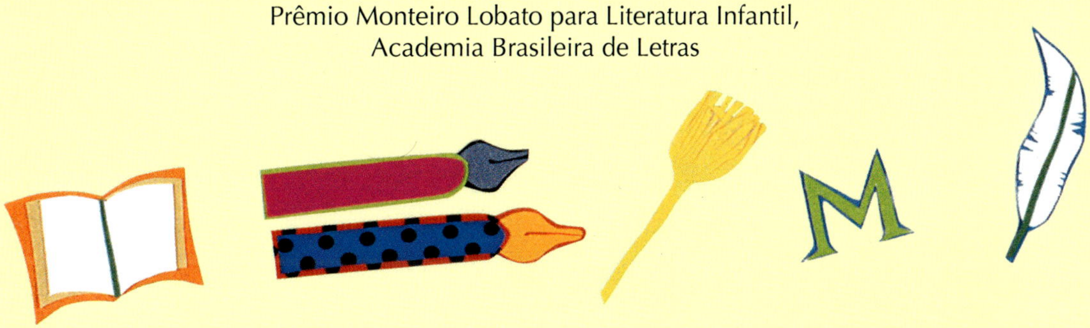

MELHORAMENTOS

As tintas já eram conhecidas pelos homens antes que eles aprendessem a escrever.

Desde os tempos mais remotos, os homens pintavam na pedra, pintavam suas roupas, suas casas e até seu próprio corpo.

Os materiais que eles usavam eram os mais simples e acessíveis que se possa imaginar. Desde a terra, que existe em toda parte e em muitas cores, até o sangue de animais, o carvão e plantas de todo tipo.

Quando o homem começou a escrever, não usava tintas, apesar de já conhecê-las.

De fato, no Egito, na Mesopotâmia e em outros lugares mais, escrevia-se com estilete, sobre pedra, sobre barro, sobre madeira ou sobre metal, sem a utilização das tintas.

Atribui-se a um sábio chinês de nome Tien Tchu a invenção da primeira fórmula de tinta, no ano 2500 antes de Cristo.

Essa tinta, conhecida até hoje como tinta nanquim, era feita a partir da fuligem obtida com a queima de caroços de pêssego misturada a colas vegetais.

Usou-se essa tinta primeiro para pintar e posteriormente para escrever.

A natureza fornece praticamente todos os elementos necessários para fazer as tintas. Desde os extratos de frutas, flores ou folhas, as secreções de alguns animais ou a própria terra, metais e pedras coloridas.

Os egípcios usavam, para escrever, basicamente duas cores: o vermelho e o preto.

A tinta vermelha era obtida de terra finamente peneirada, e a preta, de fuligem de carvão.

Eram ambas misturadas com água e goma-arábica, que é uma resina produzida por algumas espécies de árvores.

A cor vermelha era reservada apenas para os títulos dos capítulos.

Os gregos e os romanos usavam, além da tinta feita de fuligem, uma tinta extraída de um molusco – a sépia.

Essa tinta tem um tom marrom, que até hoje se chama sépia.

Outro tipo de molusco foi muito importante para a fabricação de tintas – a púrpura, que fornecia a tinta do mesmo nome, tão valorizada entre os gregos e os romanos que era utilizada, numa certa época, exclusivamente para tingir os mantos reais.

Na Idade Média, os livros eram ilustrados com desenhos e cores muito requintados.

Para isso, usavam-se tintas obtidas dos materiais mais preciosos: ouro, prata, bronze, pedras semipreciosas, como turmalinas e lápis-lazúli, e até pedras preciosas, como rubis e esmeraldas.

Outros ingredientes muito curiosos foram usados na confecção de tintas.

Insetos moídos, como a cochonilha, leite coalhado, urina, sangue, os mais variados metais, vinho, cerveja, vinagre, vidro moído e até – acredite se quiser – múmias trituradas, que forneciam uma tinta com um tom muito especial de marrom – o marrom egípcio. Quando na Europa foi descoberta a origem dessa tinta, ninguém mais quis usá-la.

O homem tem procurado através dos tempos fabricar tintas que tenham grande durabilidade, para que seus documentos não desapareçam.

Há alguns anos foram descobertos numa caverna os Rolos do Mar Morto, que eram pergaminhos nos quais estavam escritos, em aramaico, os livros da Bíblia.

Esses documentos, importantíssimos para as religiões e para o estudo da história, só foram decifrados graças à qualidade da tinta usada há mais de 2 mil anos, que se manteve legível.

*

Mas existem situações em que o que mais interessa é justamente o contrário, isto é, é importante que as tintas não estejam visíveis.

A espionagem, a diplomacia e até certas situações de namoro estimularam a criação das "tintas simpáticas", tintas que não apareciam, a não ser que fossem submetidas a um processo secreto de revelação.

* Mensagem secreta invisível.

A ação da umidade e da luz tende a modificar as cores das tintas.

Muitas pinturas desapareceram e estão desaparecendo, devido a essas causas e até à poluição provocada pelo homem.

Algumas tintas resistem mais do que outras, principalmente quando o ambiente em que se acham está mais protegido.

Por isso, algumas das pinturas das cavernas, dos túmulos egípcios e das ruínas de Pompeia chegaram até nosso tempo.

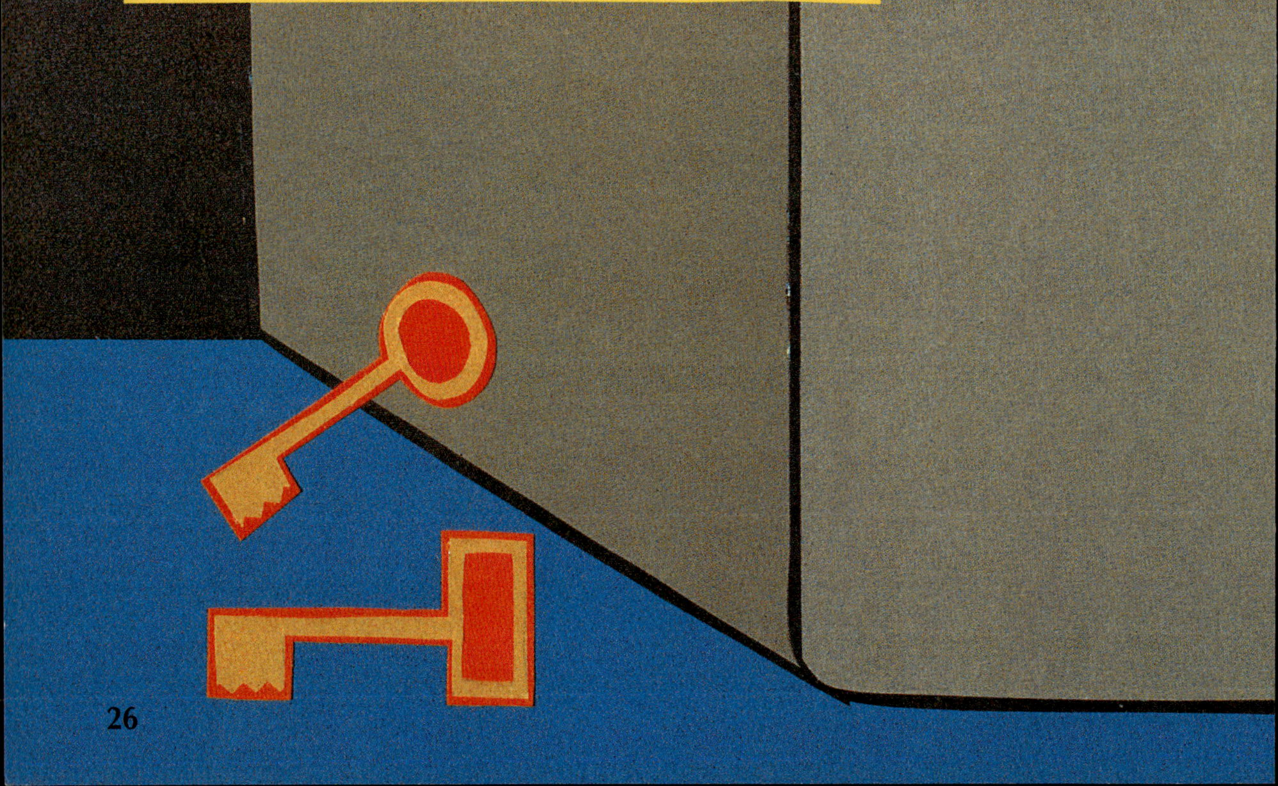

A evolução da química tem permitido a fabricação de tintas não só cada vez mais duráveis, como também cada vez mais surpreendentes.

Hoje são fabricadas inúmeras cores que não existem na natureza.

O exemplo mais marcante disso é a cor branco total, que só pôde ser obtida depois da descoberta do poder alvejante do cloro.

Mas, afinal, o que é a tinta?

A tinta não passa de um corante dissolvido num líquido e fixado por uma cola.

O mundo de hoje não é mais o mundo que os homens primitivos viram.

É um mundo mais colorido e mais alegre, graças ao engenho e à persistência dos homens, que, através dos séculos, misturam esses elementos de infinitas maneiras.